Impressum
Verlag: BABADADA GmbH, Nedderfeld 112 , 22529 Hamburg
Geschäftsführer / Verlagsleitung: Harald Hof
Druck: Books on Demand GmbH, In de Tarpen 42, 22848 Norderstedt

Imprint
Publisher: BABADADA GmbH, Nedderfeld 112 , 22529 Hamburg, Germany
Managing Director / Publishing direction: Harald Hof
Print: Books on Demand GmbH, In de Tarpen 42, 22848 Norderstedt, Germany

mokykla
学校

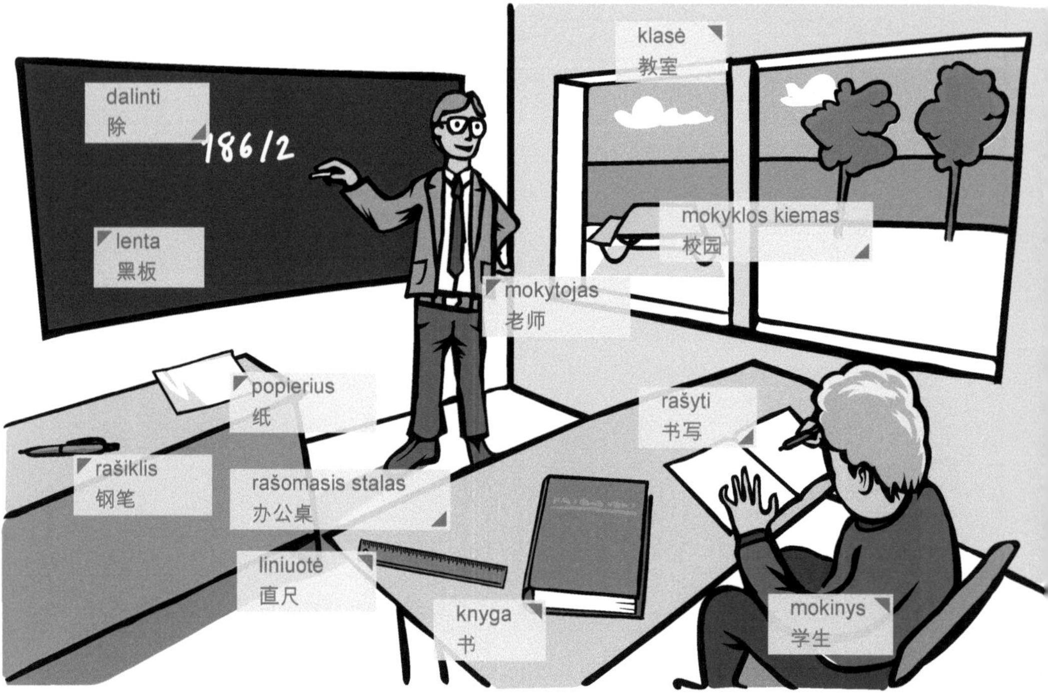

klasė
教室
dalinti
除
186/2
lenta
黑板
mokyklos kiemas
校园
mokytojas
老师
popierius
纸
rašyti
书写
rašiklis
钢笔
rašomasis stalas
办公桌
liniuotė
直尺
knyga
书
mokinys
学生

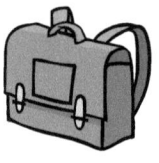

kuprinė
书包

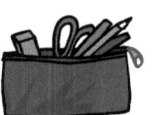

penalas
铅笔盒

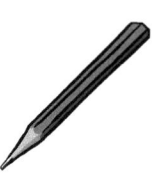

pieštukas
铅笔

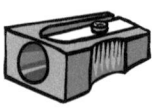

drožtukas
卷笔刀

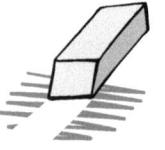

trintukas
橡皮擦

piešimo bloknotas
画板

piešinys

图画

teptukas

画笔

dažų dėžutė

颜料盒

žirklės

剪刀

klijai

胶水

vadovėlis

练习册

namų darbai

家庭作业

numeris

数字

pridėti

加

atimti

减

dauginti

乘

skaičiuoti

计算

raidė

字母

abėcėlė

字母表

žodis

字

tekstas

课文

skaityti

读

kreida

粉笔

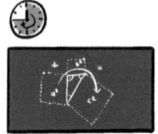

pamoka

上课

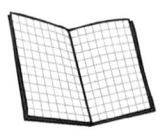

dienynas

登记

egzaminas

考试

pažymėjimas

证书

mokyklinė uniforma

校服

išsilavinimas

教育

enciklopedija

百科全书

universitetas

大学

mikroskopas

显微镜

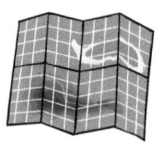

žemėlapis

地图

šiukšliadėžė

废纸筐

viešbutis
酒店

Grand

svečių namai
青年旅社

ROOMS

valiutos keitykla
外币兑换处

EXCHANGE

lagaminas
手提箱

mašina
汽车

kalba

语言

taip / ne

是/否

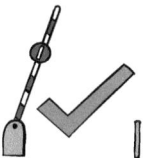

Gerai

好的

sveiki

您好

vertėjas raštu

翻译员

Ačiū

谢谢

kiek kainuoja...?

……多少钱？

aš nesuprantu

我不明白

problema

问题

Labas vakaras!

晚上好！

Labas rytas!

早上好！

Labos nakties!

晚安！

viso gero

再见

kryptis

方向

bagažas

行李

krepšys

包

kuprinė

双肩包

svečias

客人

kambarys

房间

miegmaišis

睡袋

palapinė

帐篷

turizmo informacija

旅游信息

paplūdimys

海滩

kreditinė kortelė

信用卡

pusryčiai

早餐

pietūs

午餐

vakarienė

晚餐

bilietas

票

liftas

电梯

pašto ženklas

邮票

siena

边界

muitinė

海关

ambasada

大使馆

viza

签证

pasas

护照

transportas
交通运输

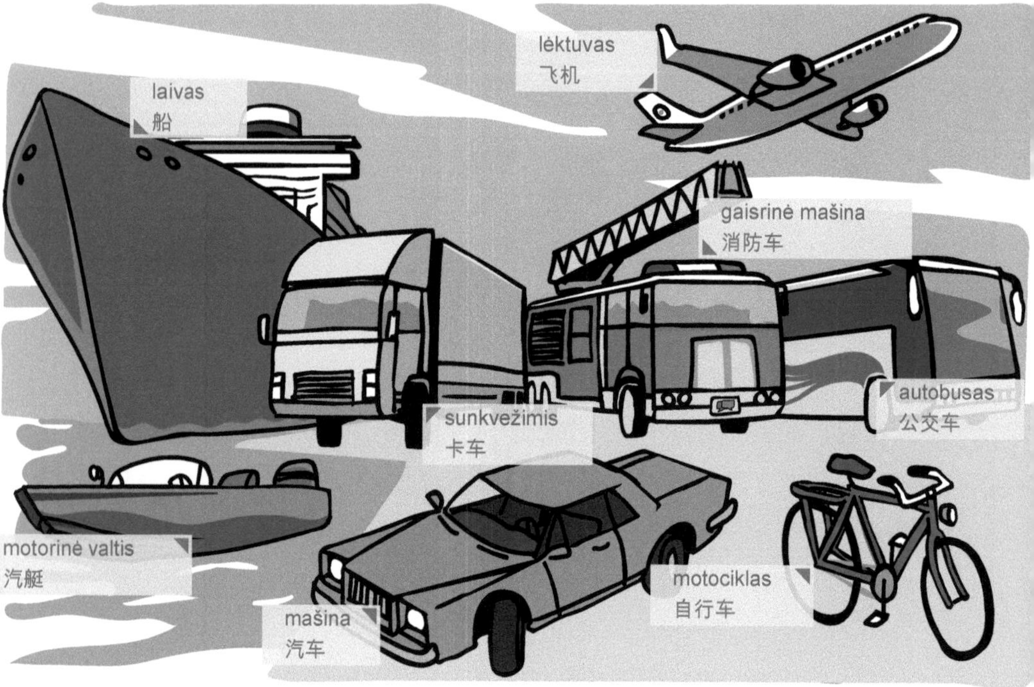
lėktuvas
飞机
laivas
船
gaisrinė mašina
消防车
autobusas
公交车
sunkvežimis
卡车
motorinė valtis
汽艇
motociklas
自行车
mašina
汽车

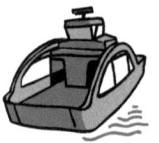

keltas
摆渡船

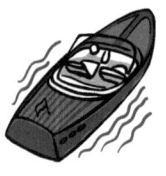

valtis
小船

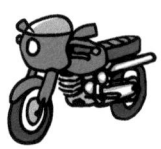

mopedas
摩托车

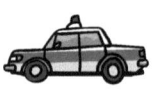

policijos automobilis
警车

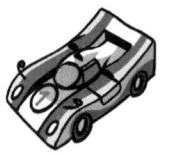

lenktyninis automobilis
赛车

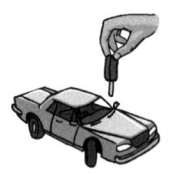

nuomojamas automobilis
租车

bendras automobilio
naudojimas

拼车

techninės pagalbos
automobilis

拖车

šiukšliavežė

垃圾车

variklis

发动机

degalai

汽油

degalinė

加油站

kelio ženklas

交通标志

eismas

交通

eismo spūstis

交通堵塞

mašinų stovėjimo aikštelė

停车场

traukinių stotis

火车站

bėgiai

轨道

traukinys

火车

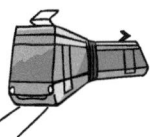

tramvajus

电车

vagonas

货车

sraigtasparnis

直升机

oro uostas

机场

bokštas

塔

keleivis

乘客

konteineris

集装箱

dėžė

纸板箱

vežimėlis

手推车

krepšys

篮子

pakilti / nusileisti

起飞/降落

miestas
城市

kaimas

村庄

miesto centras

市中心

namas

房子

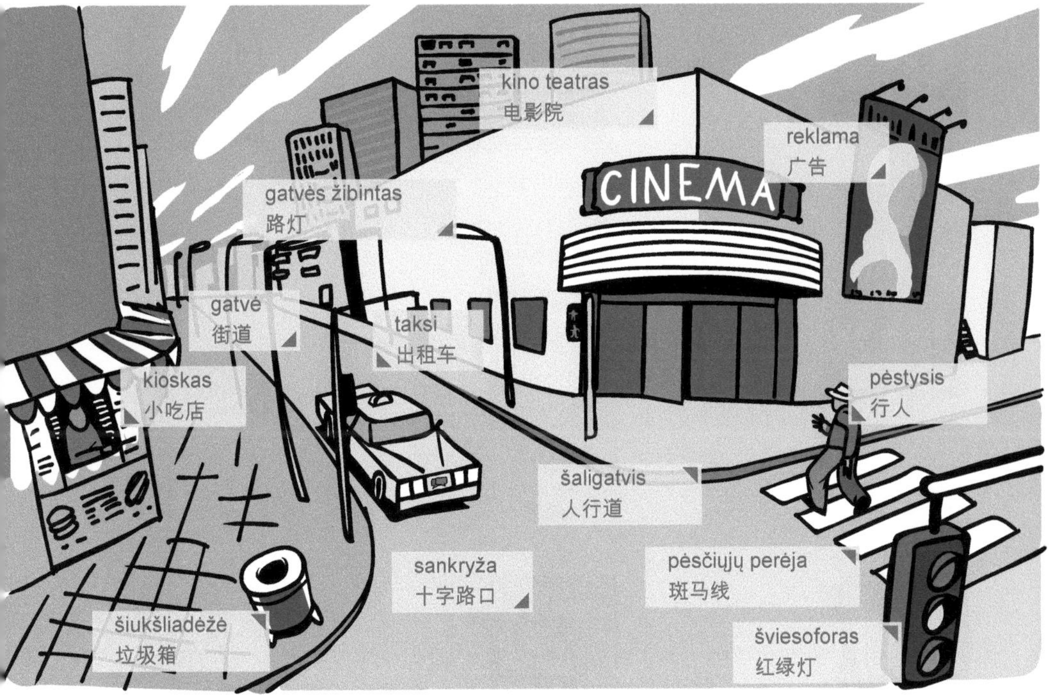

kino teatras
电影院
CINEMA
reklama
广告
gatvės žibintas
路灯
gatvė
街道
taksi
出租车
kioskas
小吃店
pėstysis
行人
šaligatvis
人行道
sankryža
十字路口
pėsčiųjų perėja
斑马线
šiukšliadėžė
垃圾箱
šviesoforas
红绿灯

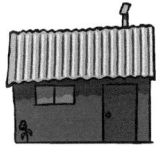

trobelė

小屋

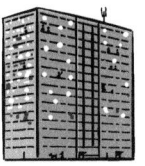

butas

公寓

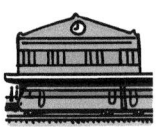

traukinių stotis

火车站

rotušė

市政厅

MUSEUM

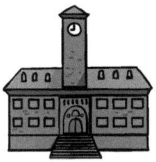

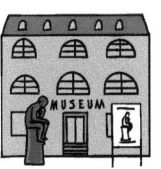

muziejus

博物馆

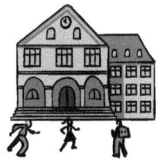

mokykla

学校

universitetas

大学

bankas

银行

ligoninė

医院

viešbutis

酒店

vaistinė

药房

biuras

办公室

knygynas

书店

parduotuvė

商店

gėlių parduotuvė

花店

prekybos centras

超市

turgus

市场

universalinė parduotuvė

百货商店

žuvies parduotuvė

鱼店

prekybos centras

购物中心

uostas

海港

parkas

公园

suoliukas

长凳

tiltas

桥

laiptai

楼梯

metro

地铁

tunelis

隧道

autobusų stotelė

公交车站

baras

酒吧

restoranas

餐馆

lauko pašto dėžutė

邮筒

kelio ženklas

路标

parkomatas

停车计时器

zoologijos sodas

动物园

baseinas

游泳馆

mečetė

清真寺

ūkininko ūkis

农场

tarša

污染

kapinės

墓地

bažnyčia

教堂

žaidimų aikštelė

操场

šventykla

寺庙

kraštovaizdis
地形

lapas
树叶

kelio rodyklė
指示牌

kelias
路

pieva
草地

akmuo
石头

medis
树

ėjikas
徒步旅行者

upė
河

žolė
草

gėlė
花

slėnis
峡谷

kalva
山

ežeras
湖

miškas
森林

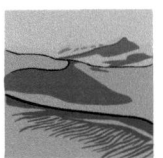

dykuma
沙漠

ugnikalnis
火山

pilis
城堡

vaivorykštė
彩虹

grybas
蘑菇

palmė
棕榈树

uodas
蚊子

musė
苍蝇

skruzdėlė
蚂蚁

bitė
蜜蜂

voras
蜘蛛

vabalas

甲虫

varlė

青蛙

voverė

松鼠

ežys

刺猬

kiškis

野兔

pelėda

猫头鹰

paukštis

鸟

gulbė

天鹅

šernas

野猪

elnias

鹿

briedis

麋鹿

užtvanka

水坝

vėjo jėgainė

风力发电机

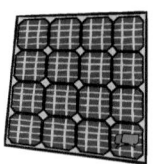

saulės baterija

太阳能电池板

klimatas

气候

restoranas

餐馆

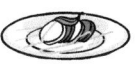

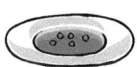

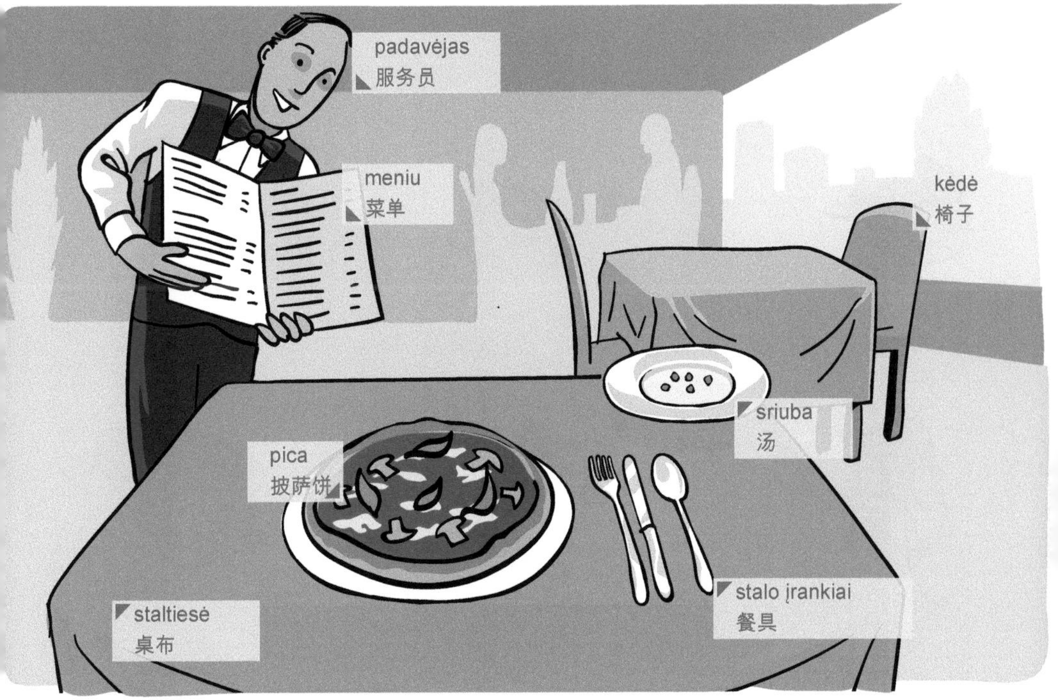

padavėjas
服务员
meniu
菜单
kėdė
椅子
sriuba
汤
pica
披萨饼
stalo įrankiai
餐具
staltiesė
桌布

užkandis

前菜

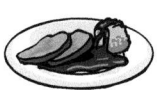

pagrindinis patiekalas

主菜

desertas

甜点

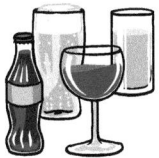

gėrimai

饮料

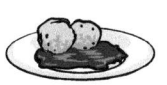

maistas

食物

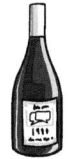

butelis

瓶子

greitai pateikiamas maistas

快餐

gatvės maistas

街边小吃

arbatinukas

茶壶

cukrinė

糖盒

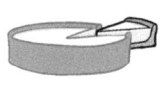

porcija

一份饭菜

espreso aparatas

意式咖啡机

aukšta kėdė

高脚椅

sąskaita

账单

padėklas

托盘

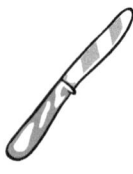

peilis

刀

šakutė

餐叉

šaukštas

勺子

arbatinis šaukštelis

茶匙

servetėlė

餐巾

stiklinė

玻璃杯

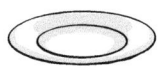

lėkštė
....
碟子

sriubos lėkštė
....
汤盘

padėklas
....
碟子

padažas
....
酱

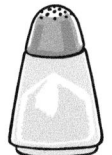

druskinė
....
盐瓶

pipirų malūnėlis
....
胡椒磨

actas
....
醋

aliejus
....
食用油

prieskoniai
....
调味料

kečupas
....
番茄酱

garstyčios
....
芥末

majonezas
....
蛋黄酱

prekybos centras
超市

specialus pasiūlymas
特价
pirkėjas
顾客
pieno produktai
乳制品
vaisiai
水果
troleibusas
购物车
FOR

BUTCHERS

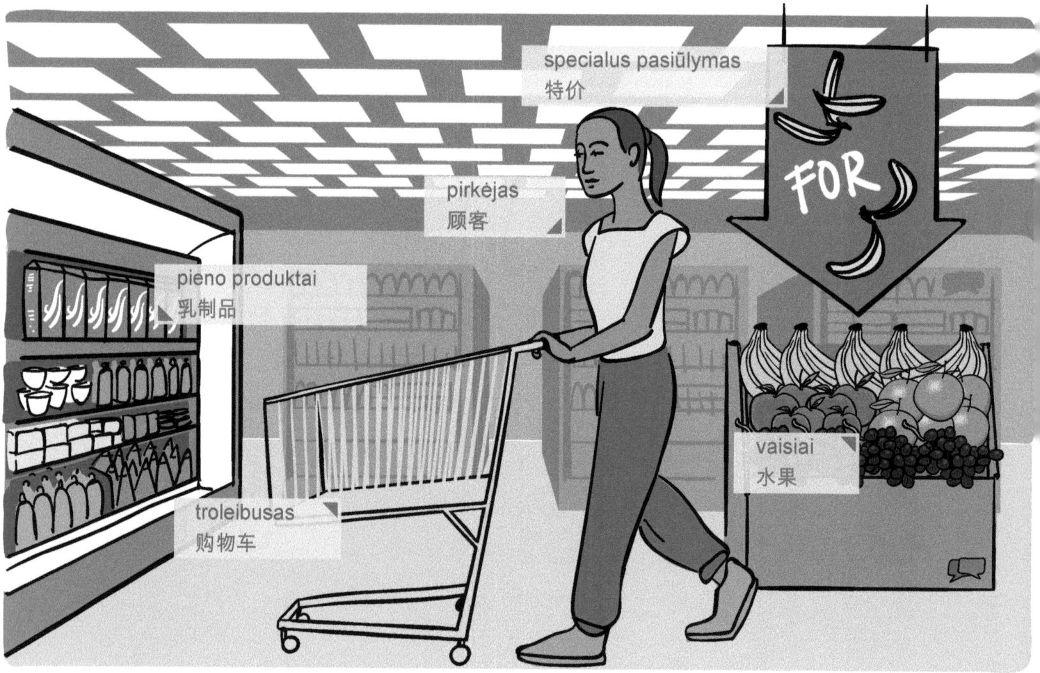

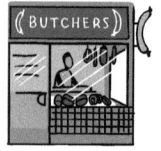

mėsos parduotuvė

肉铺

BAKERY

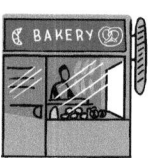

kepykla

面包房

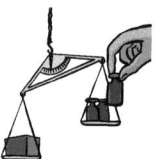

sverti

称重

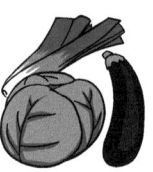

daržovės

蔬菜

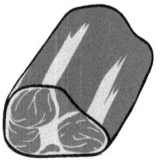

mėsa

肉

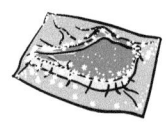

šaldytas maistas

冷冻食品

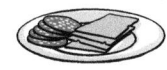

šalti mėsos užkandžiai

冷盘

konservai

罐头食品

skalbimo milteliai

洗衣粉

saldumynai

甜食

ūkinės prekės

日用品

valymo priemonės

清洁用品

pardavėja

销售员

kasos aparatas

收银机

kasininkas

收银员

pirkinių sąrašas

购物清单

darbo valandos

开放时间

piniginė

钱包

kreditinė kortelė

信用卡

maišelis

袋子

plastikinis maišelis

塑料袋

vanduo

水

sultys

果汁

pienas

牛奶

kola

可乐

vynas

红酒

alus

啤酒

alkoholis

酒

kakava

可可

arbata

茶

kava

咖啡

espresas

意式浓缩咖啡

kapučinas

卡布奇诺

bananas

香蕉

obuolys

苹果

apelsinas

橙子

arbūzas

西瓜

citrina

柠檬

morka

胡萝卜

česnakas

大蒜

bambukas

竹子

svogūnas

洋葱

grybas

蘑菇

riešutai

坚果

makaronai

面条

spagečiai

意大利面条

ryžiai

米饭

salotos

沙拉

traškučiai

薯条

keptos bulvės

炸土豆

pica

披萨饼

mėsainis

汉堡包

sumuštinis

三明治

pjausnys

炸猪排

kumpis

火腿

saliamis

萨拉米

dešrelė

香肠

vištiena

鸡肉

kepsnys

烤肉

žuvis

鱼

avižų dribsniai

燕麦片

dribsniai su priedais

穆兹利

kukurūzų dribsniai

玉米片

miltai

面粉

prancūziškasis ragelis

羊角面包

bandelė

面包卷

duona

面包

skrebutis

烤面包

sausainiai

饼干

sviestas

黄油

varškė

凝乳

tortas

蛋糕

kiaušinis

蛋

kiaušinienė

煎蛋

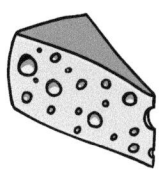

sūris

奶酪

ledai

冰激凌

cukrus

糖

medus

蜂蜜

uogienė

果酱

tepamas šokoladas

巧克力酱

karis

咖喱饭

ūkininko ūkis
农场

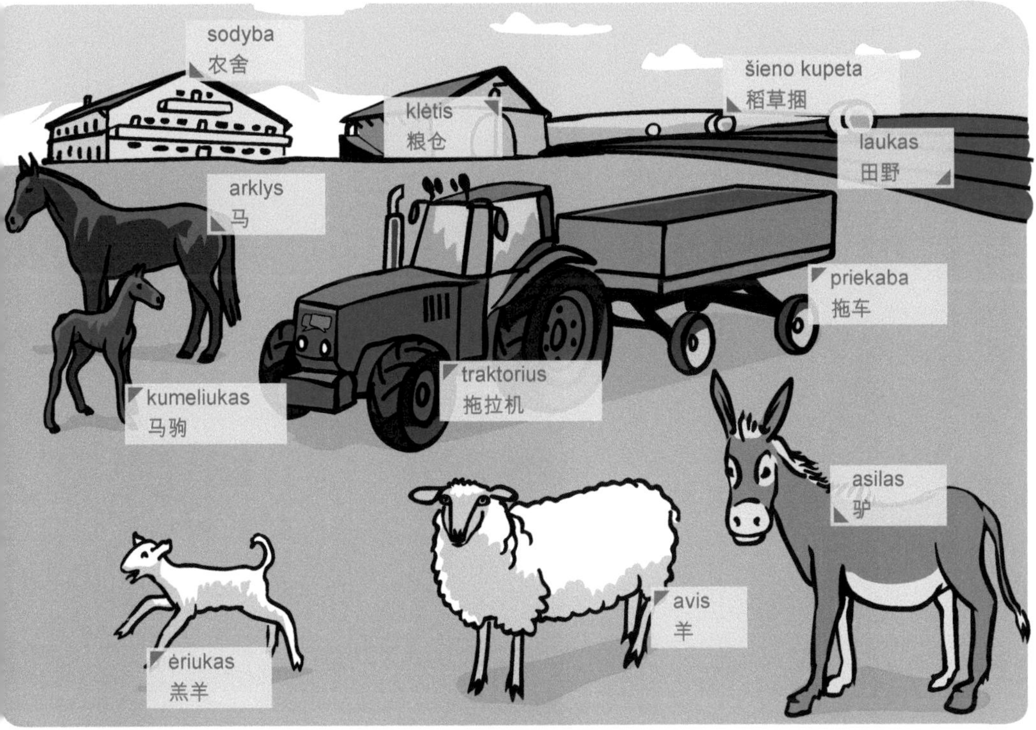

sodyba
农舍
klėtis
粮仓
šieno kupeta
稻草捆
laukas
田野
arklys
马
priekaba
拖车
traktorius
拖拉机
kumeliukas
马驹
asilas
驴
avis
羊
ėriukas
羔羊

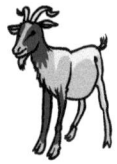

ožys

山羊

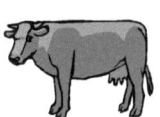

karvė

奶牛

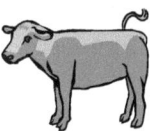

veršis

牛犊

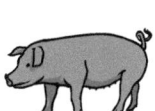

kiaulė

猪

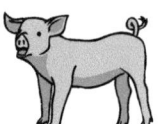

paršelis

小猪

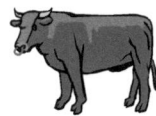

bulius

公牛

žąsis

鹅

antis

鸭

viščiukas

小鸡

višta

母鸡

gaidys

公鸡

žiurkė

鼠

katė

猫

pelė

老鼠

jautis

牛

šuo

狗

šuns būda

狗屋

sodo namas

花园浇水软管

laistytuvas

洒水壶

dalgis

长柄大镰刀

plūgas

犁

pjautuvas

镰刀

kauptukas

锄头

šakės

长柄草耙

kirvis

斧头

statinė

独轮手推车

lovys

饲料槽

bidonas

牛奶罐

maišas

麻布袋

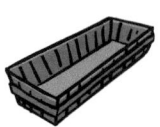

tvora

栅栏

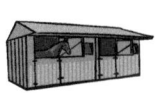

arklidė

马厩

šiltnamis

温室

dirva

土壤

sėkla

种子

trąšos

肥料

kombainas

联合收割机

rinkti

收割

derlius

收割

saldžiosios bulvės

山药

kviečiai

小麦

soja

大豆

bulvė

土豆

kukurūzai

玉米

rapsai

油菜籽

vaismedis

果树

manijokas

树薯

grūdai

谷物

namas

房子

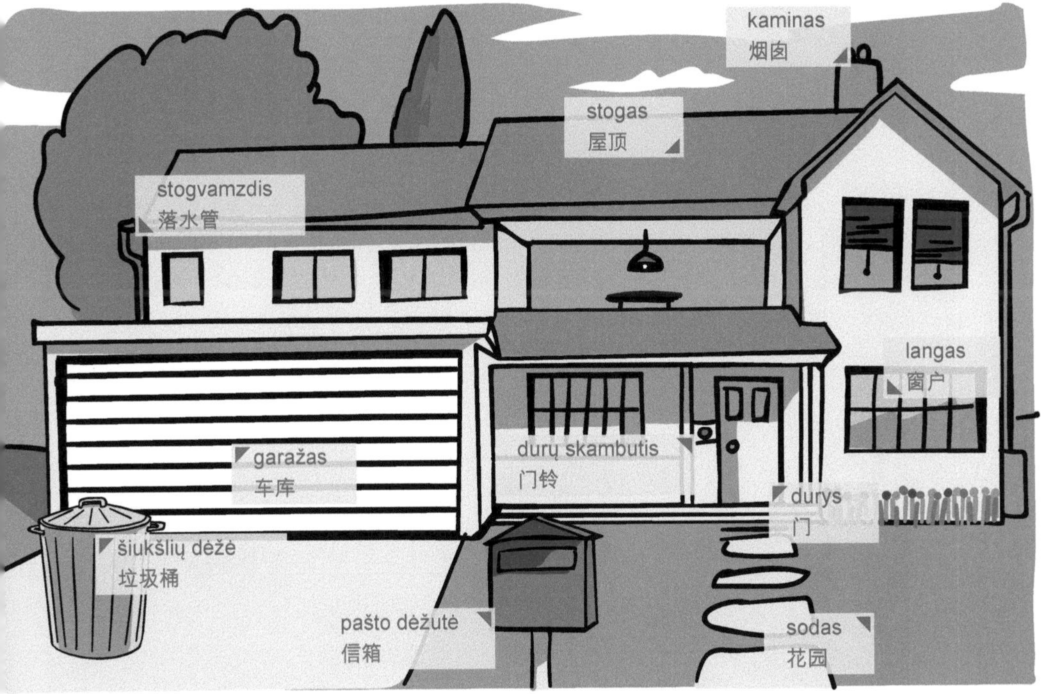

kaminas
烟囱
stogas
屋顶
stogvamzdis
落水管
langas
窗户
garažas
车库
durų skambutis
门铃
durys
门
šiukšlių dėžė
垃圾桶
pašto dėžutė
信箱
sodas
花园

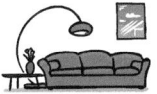

svetainė

客厅

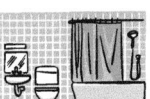

vonios kambarys

浴室

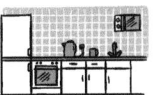

virtuvė

厨房

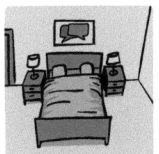

miegamasis

卧室

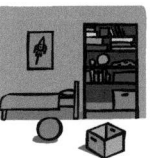

vaiko kambarys

儿童房

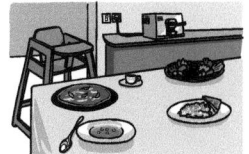

valgomasis

餐厅

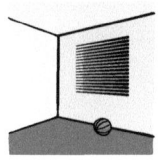

grindys

地板

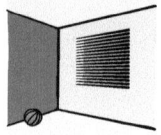

siena

墙壁

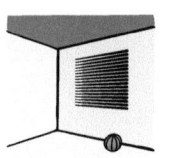

lubos

吊顶

rūsys

地窖

sauna

桑拿

balkonas

阳台

terasa

露台

baseinas

游泳池

žoliapjovė

割草机

paklodė

被单

lovatiesė

床罩

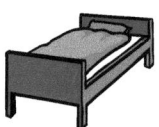

lova

床

šluota

扫帚

kibiras

水桶

jungiklis

开关

svetainė
客厅

tapetai
壁纸
nuotrauka
照片
šviestuvas
台灯
lentyna
搁架
spintelė
橱柜
televizorius
电视机
židinys
壁炉
gėlė
花
pagalvėlė
垫子
sofa
沙发
vaza
花瓶
nuotolinio valdymo pultelis
遥控器

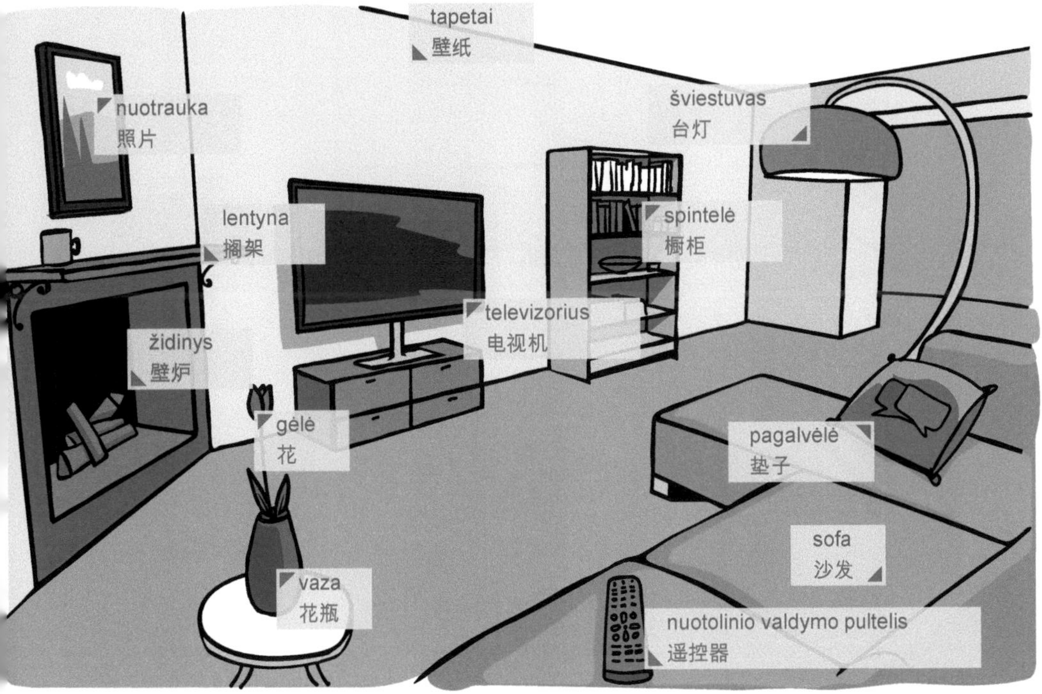

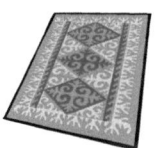

kilimas

地毯

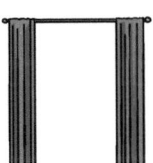

užuolaida

窗帘

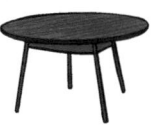

stalas

餐桌

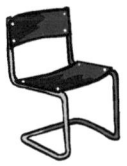

kėdė

椅子

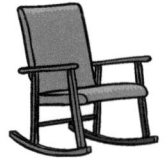

supamasis krėslas

摇椅

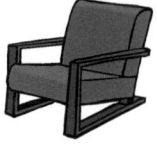

fotelis

扶手椅

knyga

书

antklodė

毯子

papuošimai

装饰品

malkos

木柴

filmas

电影

stereo aparatūra

高保真音响

raktas

钥匙

laikraštis

报纸

paveikslas

油画

plakatas

海报

radijas

收音机

užrašų knygelė

笔记本

dulkių siurblys

吸尘器

kaktusas

仙人掌

žvakė

蜡烛

virtuvė
厨房

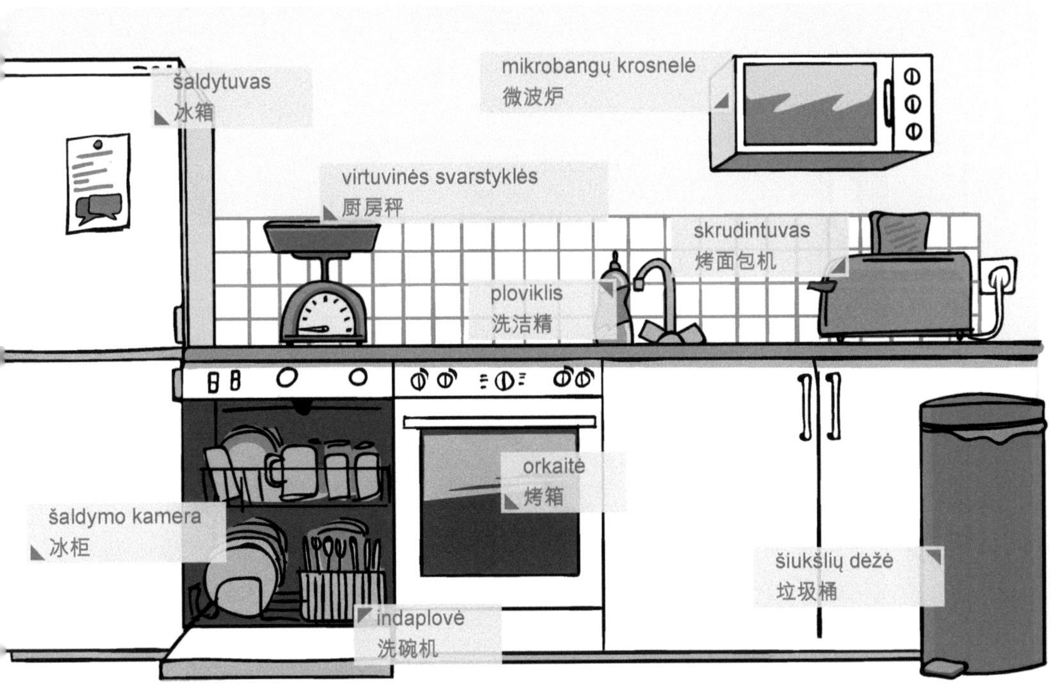

šaldytuvas
冰箱
mikrobangų krosnelė
微波炉
virtuvinės svarstyklės
厨房秤
skrudintuvas
烤面包机
ploviklis
洗洁精
orkaitė
烤箱
šaldymo kamera
冰柜
šiukšlių dėžė
垃圾桶
indaplovė
洗碗机

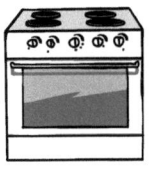

viryklė

炊具

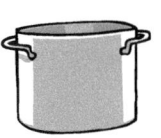

puodas

锅

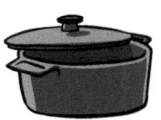

ketaus puodas

铸铁锅

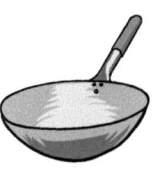

„wok“ keptuvė

炒锅

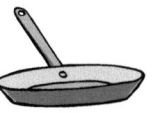

keptuvė

平底锅

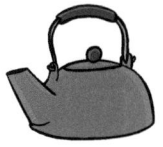

virdulys

水壶

garų puodas

蒸锅

kepimo skarda

烤盘

porceliano indai

陶瓷锅

puodelis

马克杯

dubuo

碗

valgomosios lazdelės

筷子

samtis

长柄勺

mentelė

铲子

plaktuvas

搅拌器

koštuvas

滤网

sietas

筛子

trintuvė

磨碎机

grūstuvė

研钵

kepsninė

烧烤

atvira liepsna

明火

pjaustymo lentelė

菜板

kočėlas

擀面杖

kamščiatraukis

开瓶器

skardinė

罐子

skardinių atidarytuvas

开罐器

puodkėlė

隔热手套

kriauklė

水槽

šepetys

刷子

kempinė

海绵

trintuvas

搅拌机

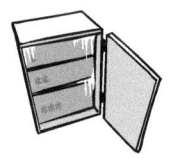

šaldiklis

冷藏箱

kūdikių buteliukas

奶瓶

čiaupas

水龙头

vonios kambarys

浴室

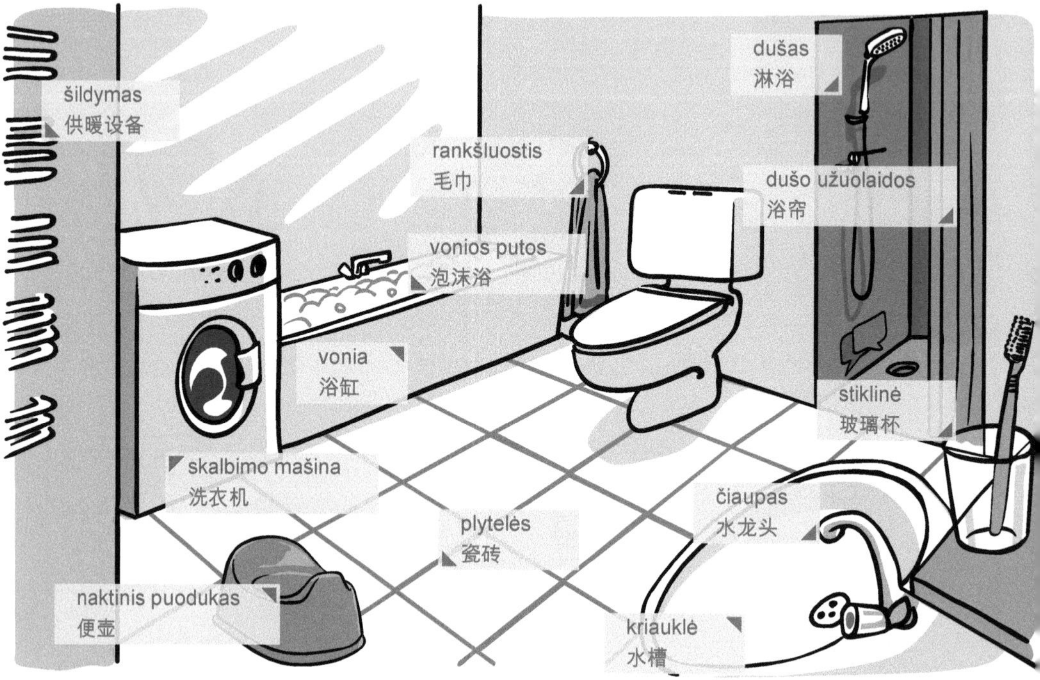

šildymas
供暖设备
rankšluostis
毛巾
dušas
淋浴
dušo užuolaidos
浴帘
vonios putos
泡沫浴
vonia
浴缸
stiklinė
玻璃杯
skalbimo mašina
洗衣机
čiaupas
水龙头
plytelės
瓷砖
naktinis puodukas
便壶
kriauklė
水槽

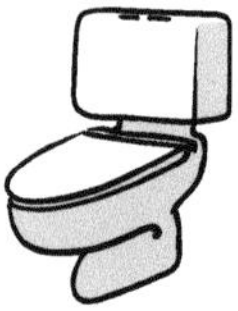

unitazas

厕所

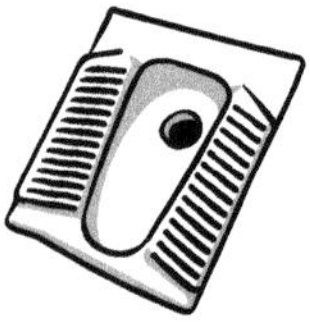

tupimasis unitazas

蹲便器

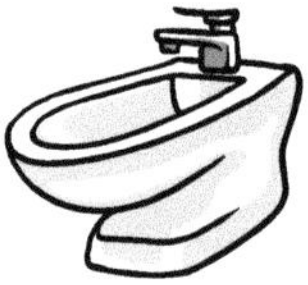

bidė

坐浴器

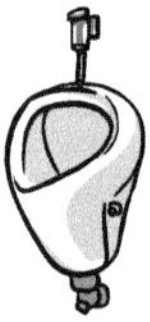

pisuaras

小便池

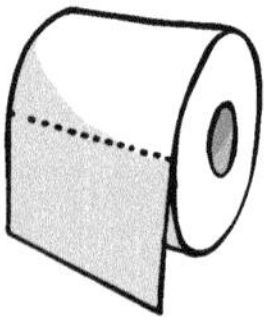

tualetinis popierius

厕纸

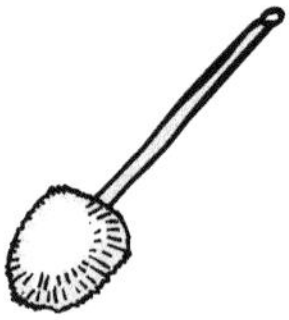

unitazo šepetys

马桶刷

dantų šepetėlis

牙刷

dantų pasta

牙膏

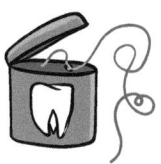

dantų siūlas

牙线

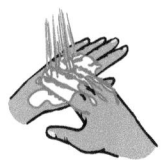

plauti

洗

dušo galvutė

手持式喷淋头

higieninis dušas

冲洗器

praustuvas

洗脸盆

nugaros plaušinė

擦背刷

muilas

肥皂

dušo želė

沐浴露

šampūnas

洗发水

plaušinė

法兰绒

kanalizacija

排水

kremas

乳霜

dezodorantas

除臭剂

veidrodis

镜子

veidrodėlis

手镜

skustuvas

剃须刀

skutimosi putos

剃须泡沫

losjonas po skutimosi

须后水

šukos

梳子

šepetys

刷子

plaukų džiovintuvas

吹风机

plaukų lakas

喷发定型剂

makiažas

化妆品

lūpdažis

唇膏

nagų lakas

指甲油

vata

化妆棉

žirklutės nagams

指甲剪

kvepalai

香水

maišelis skalbiniams

洗漱包

taburetė

凳子

svarstyklės

计重秤

chalatas

浴袍

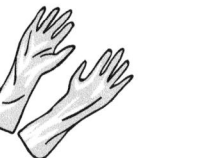

guminės pirštinės

橡胶手套

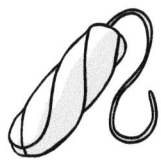

tamponas

卫生棉条

higieninis įklotas

卫生巾

biotualetas

化学厕所

vaiko kambarys
儿童房

žadintuvas
闹钟
pliušinis žaislas
毛绒玩具
žaislinė mašinėlė
玩具车
barškutis
拨浪鼓
lėlės namelis
玩具屋
dovana
礼物

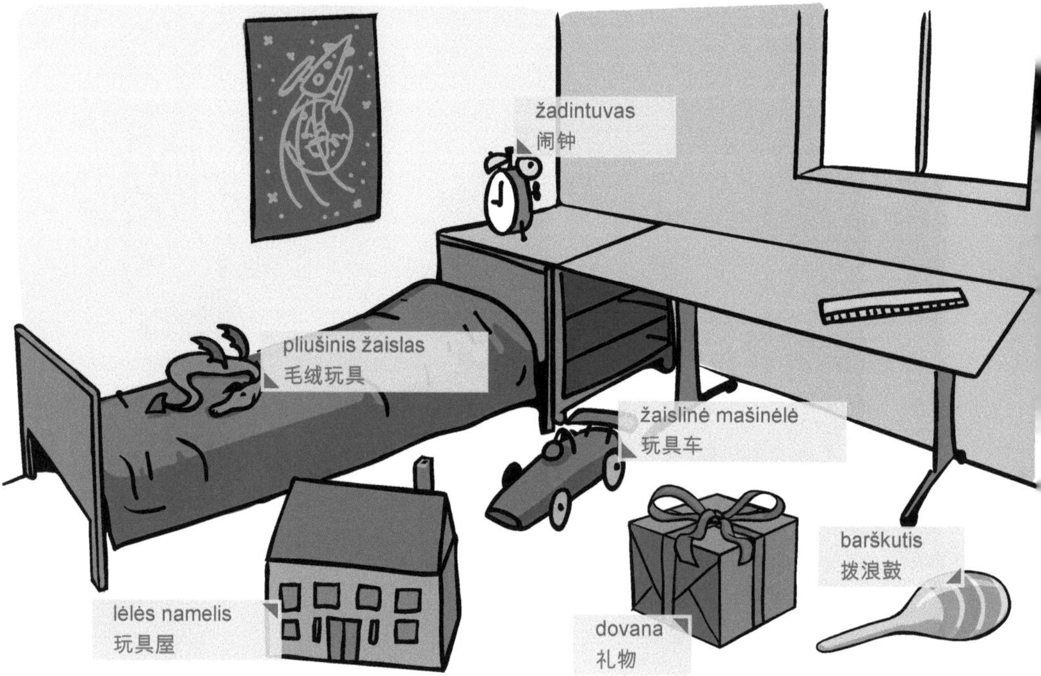

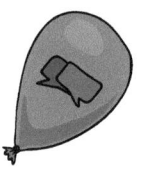

balionas
气球

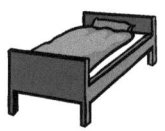

lova
床

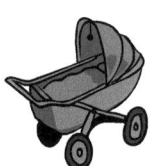

vaikiškas vežimėlis
（洋娃娃用）婴儿车

kortų malka
扑克牌

delionė
拼图

SUPER MEGA

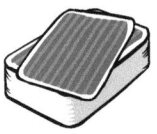

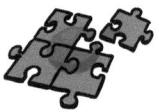

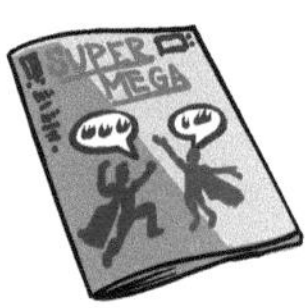

komiksai
漫画

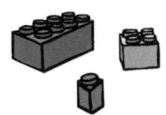

lego kaladėlės

乐高积木

žaislinės kaladėlės

积木玩具

figūrėlė

玩具人

šliaužtinukai

婴儿服

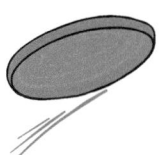

mėtymo lėkštė

飞盘

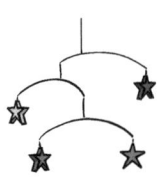

karuselė

床铃玩具

stalo žaidimas

棋盘游戏

kauliukai

骰子

žaislinis traukinys

火车模型

žindukas

安抚奶嘴

vakarėlis

聚会

paveiksliukų knygelė

绘本

kamuolys

球

lėlė

洋娃娃

žaisti

玩

smėlio dėžė

沙坑

sūpynės

秋千

žaislai

玩具

žaidimų konsolė

游戏机

triratukas

三轮车

meškiukas

泰迪熊

drabužių spinta

衣柜

drabužis

衣服

kojinės

袜子

kojinės virš kelių

长袜

pėdkelnės

紧身裤

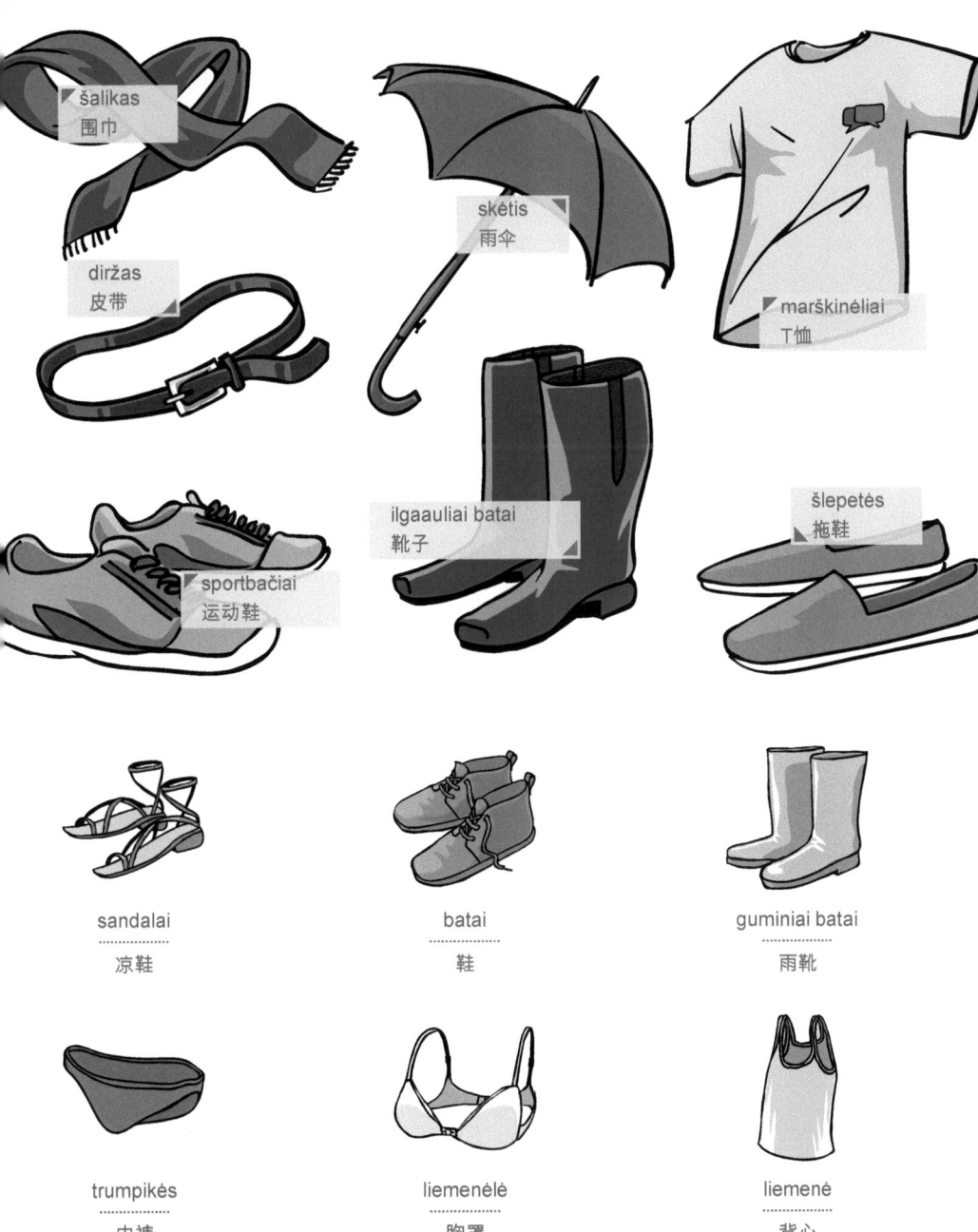

šalikas
围巾

skėtis
雨伞

diržas
皮带

marškinėliai
T恤

ilgaauliai batai
靴子

šlepetės
拖鞋

sportbačiai
运动鞋

sandalai
凉鞋

batai
鞋

guminiai batai
雨靴

trumpikės
内裤

liemenėlė
胸罩

liemenė
背心

glaustinukė

身体

kelnės

裤子

džinsai

牛仔裤

sijonas

短裙

palaidinė

女式衬衫

marškiniai

衬衫

megztinis

套头衫

megztinis su gobtuvu

卫衣

švarkelis

西装夹克

švarkas

夹克

paltas

外套

lietpaltis

雨衣

kostiumas

套装

suknelė

连衣裙

vestuvinė suknelė

婚纱

kostiumas

西装

naktiniai marškiniai

睡袍

pižama

睡衣

saris

莎丽

skarelė

头巾

tiurbanas

包头巾

burka

波卡

kaftanas

卡夫坦

abaja

(阿拉伯式)长袍

maudymosi kostiumėlis

泳衣

glaudės

男式泳裤

šortai

短裤

sportinis kostiumas

运动服

prijuostė

围裙

pirštinės

手套

saga

纽扣

akiniai

眼镜

apyrankė

手链

vėrinys

项链

žiedas

戒指

auskaras

耳环

kepurė

便帽

pakabas

衣架

skrybėlė

帽子

kaklaraištis

领带

užtrauktukas

拉链

šalmas

头盔

breketai

背带

mokyklinė uniforma

校服

uniforma

制服

seilinukas
围兜

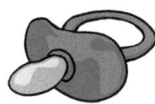

žindukas
安抚奶嘴

vystyklai
尿不湿

biuras
办公室

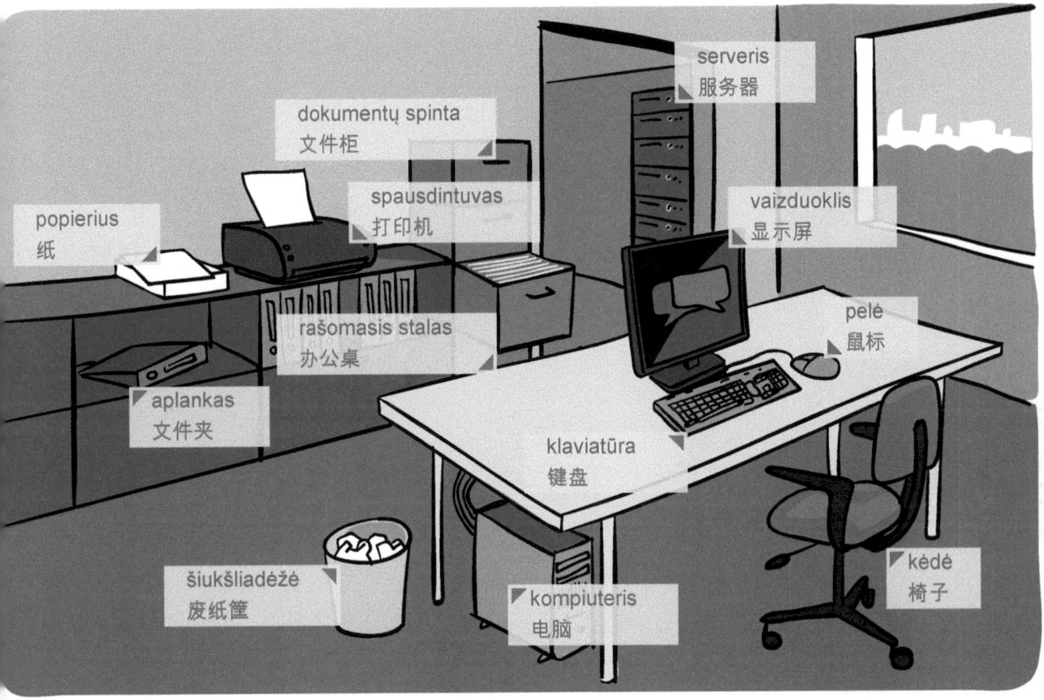

serveris
服务器

dokumentų spinta
文件柜

spausdintuvas
打印机

vaizduoklis
显示屏

popierius
纸

rašomasis stalas
办公桌

pelė
鼠标

aplankas
文件夹

klaviatūra
键盘

šiukšliadėžė
废纸筐

kompiuteris
电脑

kėdė
椅子

kavos puodelis

咖啡杯

kalkuliatorius

计算器

internetas

因特网

nešiojamasis kompiuteris

笔记本电脑

laiškas

信件

žinutė

消息

mobilusis telefonas

手机

tinklas

网络

fotokopijavimo aparatas

复印机

programinė įranga

软件

telefonas

电话

kištukinis lizdas

插座

faksas

传真机

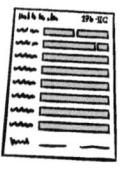

forma

表格

dokumentas

文件

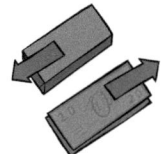

pirkti

买

mokėti

付钱

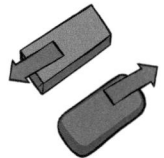

prekiauti

交易

pinigai

现金

doleris

美元

euras

欧元

jena

日元

rublis

卢布

Šveicarijos frankas

瑞士法郎

juanis

人民币

rupija

卢比

bankomatas

提款处

valiutos keitykla

外币兑换处

auksas

金

sidabras

银

nafta

石油

energija

能源

kaina

价格

sutartis

合同

mokestis

税金

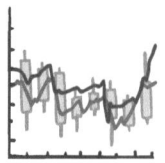

akcijos

股票

dirbti

工作

darbuotojas

职员

darbdavys

老板

gamykla

工厂

parduotuvė

商店

policininkas
警官

ugniagesys
消防员

virėjas
厨师

gydytojas
医生

lakūnas
飞行员

sodininkas

园丁

stalius

木匠

siuvėja

裁缝

teisėjas

法官

chemikas

化学家

aktorius

演员

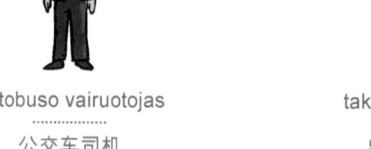

autobuso vairuotojas

公交车司机

taksi vairuotojas

出租车司机

žvejys

渔夫

valytoja

清洁女工

stogdengys

屋顶工

padavėjas

服务员

medžiotojas

猎人

dailininkas

画家

kepėjas

面包师

elektrikas

电工

statybininkas

建筑工人

inžinierius

工程师

mėsininkas

屠夫

santechnikas

水管工

paštininkas

邮递员

kareivis

士兵

architektas

建筑师

kasininkas

收银员

gėlininkas

花农

kirpėjas

理发师

konduktorius

售票员

mechanikas

机械师

kapitonas

船长

odontologas

牙医

mokslininkas

科学家

rabinas

拉比

imamas

伊玛目

vienuolis

和尚

kunigas

牧师

įrankiai

工具

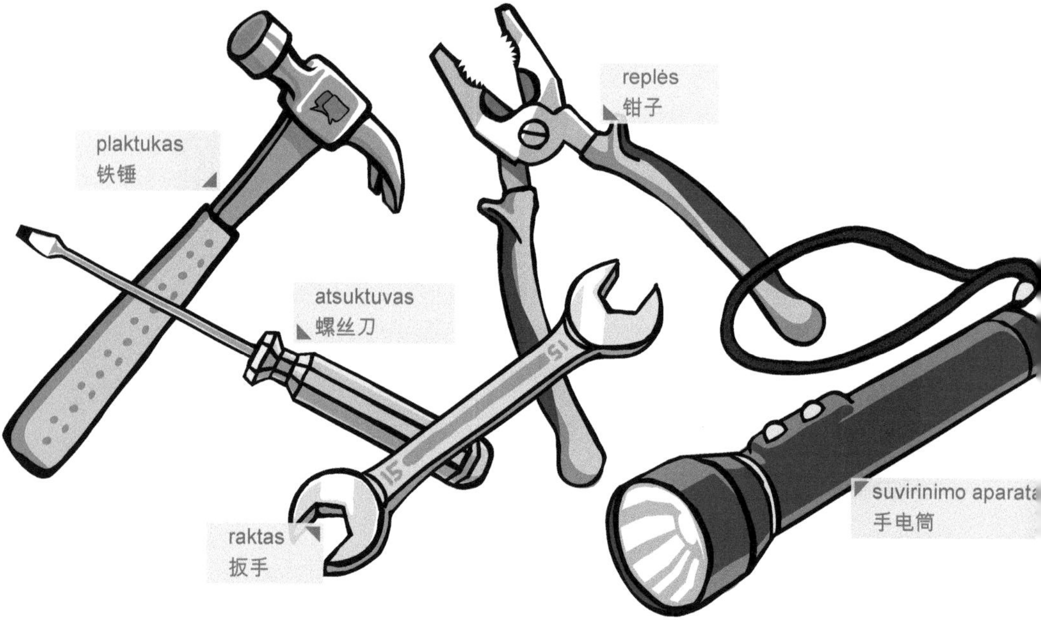
plaktukas
铁锤
replės
钳子
atsuktuvas
螺丝刀
raktas
扳手
suvirinimo aparata
手电筒

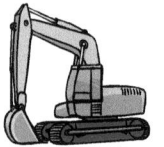

ekskavatorius
挖掘机

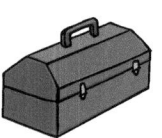

įrankių dėžė
工具箱

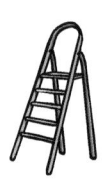

kopėčios
梯子

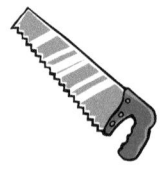

pjūklas
锯子

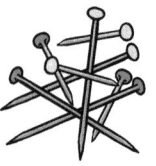

vinys
钉子

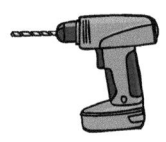

grąžtas
钻机

taisyti

修

kastuvas

铲子

Velniava!

靠！

semtuvėlis

簸箕

dažų skardinė

油漆桶

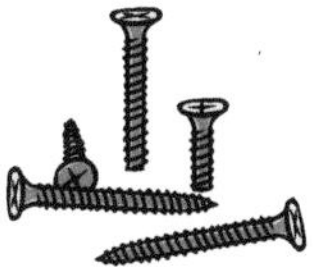

varžtai

螺丝

muzikos instrumentai

乐器

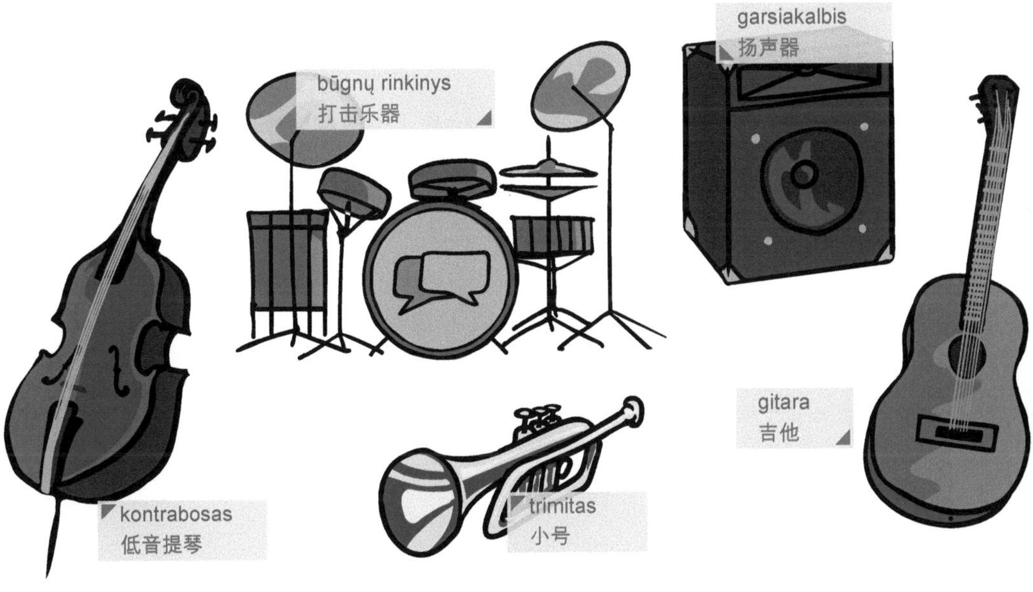

garsiakalbis
扬声器

būgnų rinkinys
打击乐器

gitara
吉他

kontrabosas
低音提琴

trimitas
小号

pianinas

钢琴

smuikas

小提琴

bosinė gitara

贝斯

timpanas

定音鼓

būgnai

鼓

sintezatorius

电子琴

saksofonas

萨克斯管

fleita

长笛

mikrofonas

麦克风

zoologijos sodas
动物园

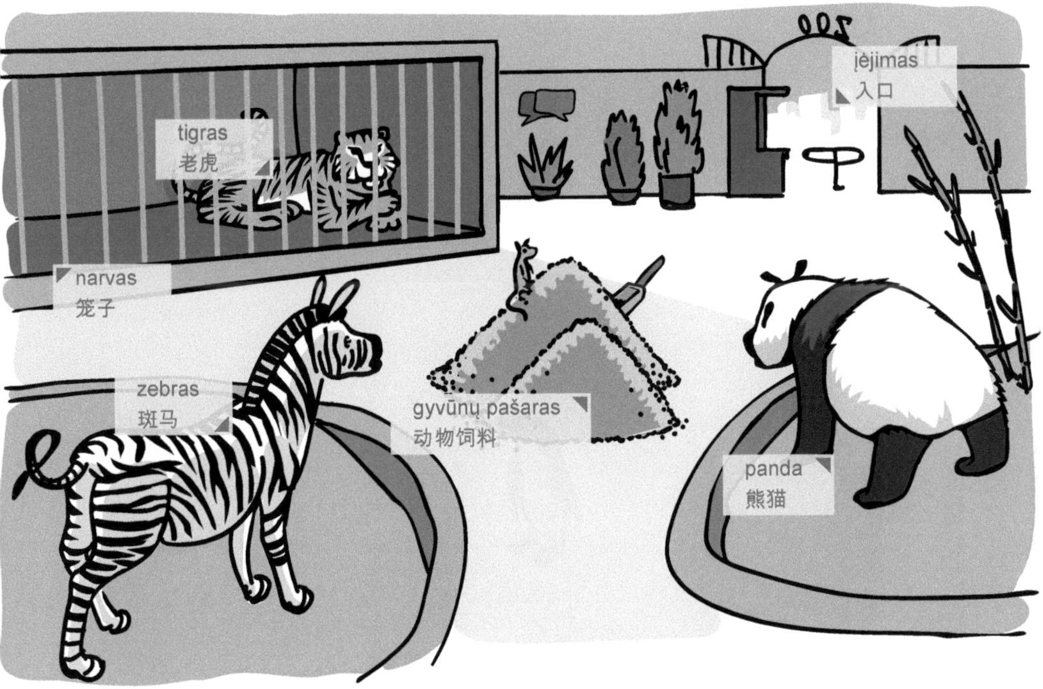

tigras
老虎
įėjimas
入口
narvas
笼子
zebras
斑马
gyvūnų pašaras
动物饲料
panda
熊猫

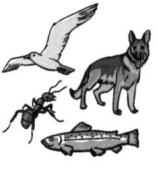

gyvūnai

动物

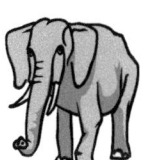

dramblys

大象

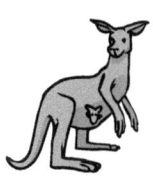

kengūra

袋鼠

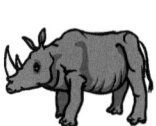

raganosis

犀牛

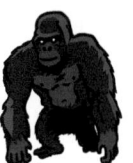

gorila

大猩猩

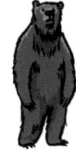

meška

熊

kupranugaris

骆驼

strutis

鸵鸟

liūtas

狮子

beždžionė

猴子

flamingas

火烈鸟

papūga

鹦鹉

baltoji meška

北极熊

pingvinas

企鹅

ryklys

鲨鱼

povas

孔雀

gyvatė

蛇

krokodilas

鳄鱼

zoologijos sodo prižiūrėtojas

动物园管理员

ruonis

海豹

jaguaras

美洲豹

ponis

矮种马

leopardas

豹

begemotas

河马

žirafa

长颈鹿

erelis

老鹰

šernas

野猪

žuvis

鱼

vėžlys

龟

vėplys

海象

lapė

狐狸

gazelė

羚羊

amerikietiškas futbolas
橄榄球

dviračių sportas
骑自行车

tenisas
网球

krepšinis
篮球

plaukimas
游泳

boksas
拳击

ledo ritulys
冰球

futbolas
英式足球

badmintonas
羽毛球

atletika
田径

rankinis
手球

slidinėjimas
滑雪

polas
马球

juoktis
笑

šokinėti
跳

apkabinti
拥抱

vaikščioti
走路

dainuoti
唱

svajoti
做梦

melstis
祈祷

bučiuoti
亲吻

rašyti
书写

piešti
画

rodyti
展示

stumti
推

duoti
给

imti
拿

turėti

有

daryti

做

būti

当

stovėti

站

bėgti

跑

traukti

拉

mesti

扔

kristi

摔倒

meluoti

躺

laukti

等待

nešti

携带

sėdėti

坐

rengtis

穿衣

miegoti

睡觉

pabusti

醒来

žiūrėti

看

verkti

哭

glostyti

抚摸

šukuoti

梳头

kalbėti

交谈

suprasti

明白

paklausti

问

klausytis

听

gerti

喝

valgyti

吃

tvarkytis

清理

mylėti

爱

gaminti

做饭

vairuoti

开车

skristi

飞

buriuoti

航行

skaičiuoti

计算

skaityti

读

mokytis

学习

dirbti

工作

vesti

结婚

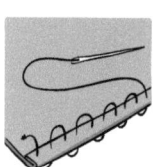

siūti

缝

valytis dantis

刷牙

žudyti

杀

rūkyti

抽烟

siųsti

寄

šeima
家

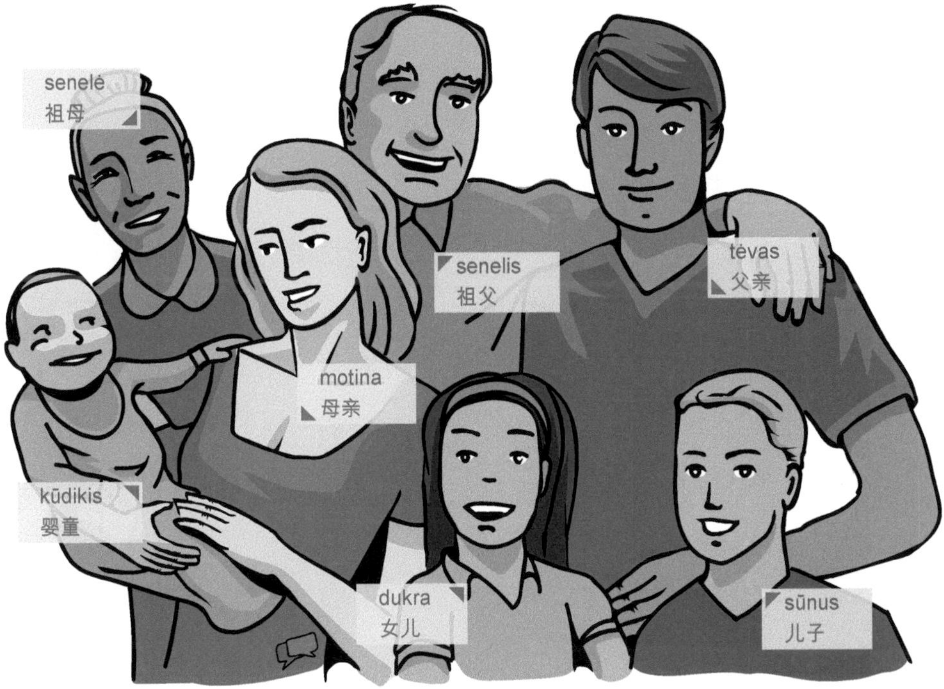

senelė
祖母
senelis
祖父
tėvas
父亲
motina
母亲
kūdikis
婴童
dukra
女儿
sūnus
儿子

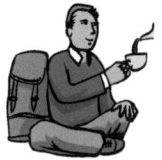

svečias

客人

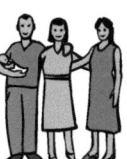

teta

阿姨

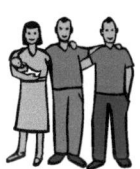

dėdė

叔叔

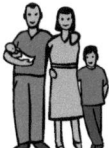

brolis

兄弟

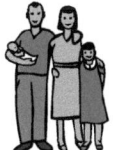

sesuo

姐妹

kūnas

身体

kakta
前额
akis
眼睛
petys
肩膀
pirštas
手指
veidas
脸
smakras
下巴
plaštaka
手
krūtinė
乳房
koja
腿
ranka
手臂

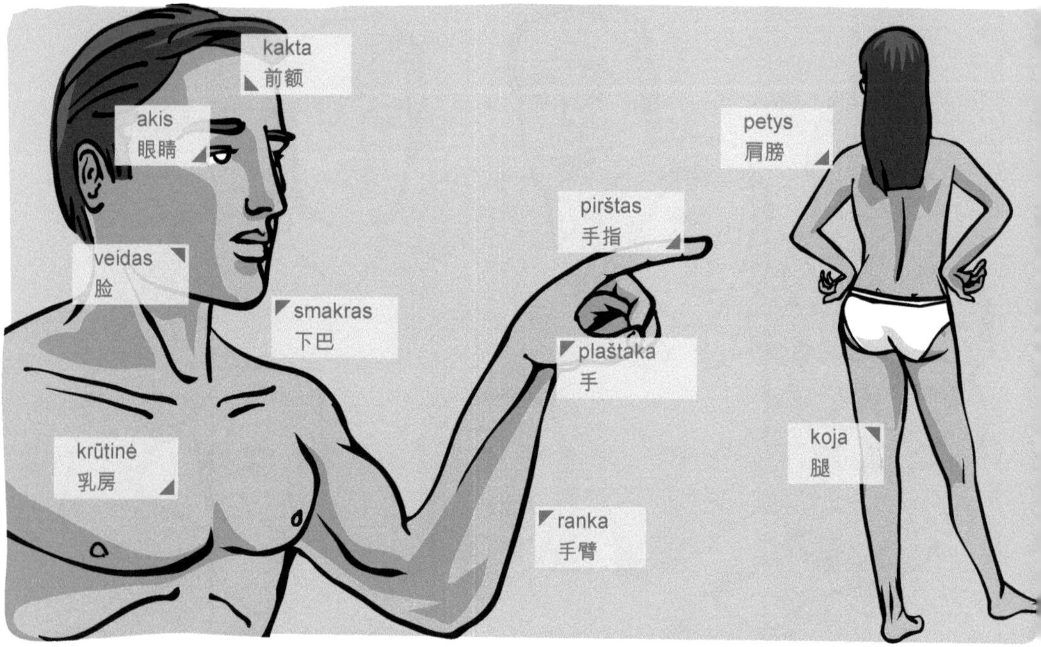

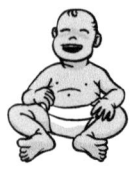

kūdikis

婴童

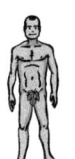

vyras

男人

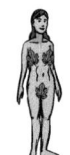

moteris

女人

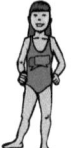

mergaitė

女孩

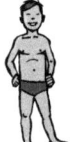

berniukas

男孩

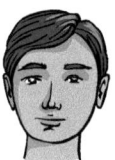

galva

头

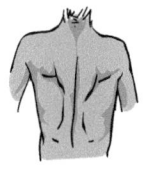

nugara

背部

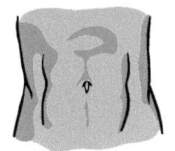

pilvas

肚子

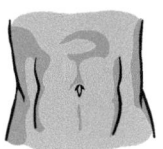

bamba

肚脐

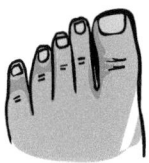

kojos pirštas

脚趾

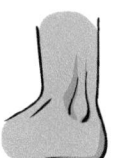

kulnas

脚后跟

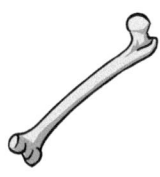

kaulas

骨头

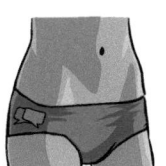

klubas

臀部

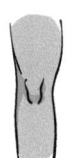

kelis

膝盖

alkūnė

手肘

nosis

鼻子

sėdmenys

屁股

oda

皮肤

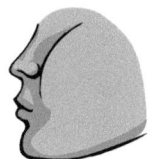

skruostas

脸颊

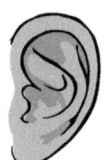

ausis

耳朵

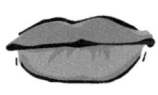

lūpa

嘴唇

burna

嘴

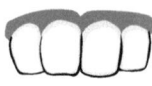

dantis

牙齿

liežuvis

舌头

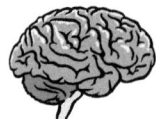

smegenys

脑

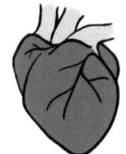

širdis

心脏

raumuo

肌肉

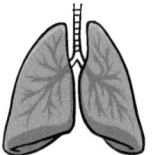

plaučiai

肺

kepenys

肝脏

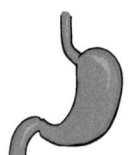

skrandis

胃

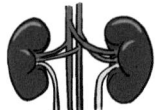

inkstai

肾脏

seksas

性交

prezervatyvas

避孕套

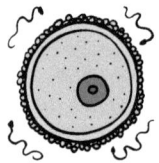

kiaušialąstė

卵子

sperma

精子

nėštumas

怀孕

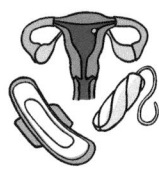

menstruacijos

月经

makštis

阴道

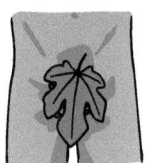

varpa

阴茎

antakis

眉毛

plaukai

头发

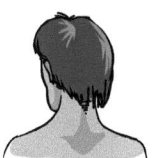

kaklas

脖子

kūnas - 身体

ligoninė
医院

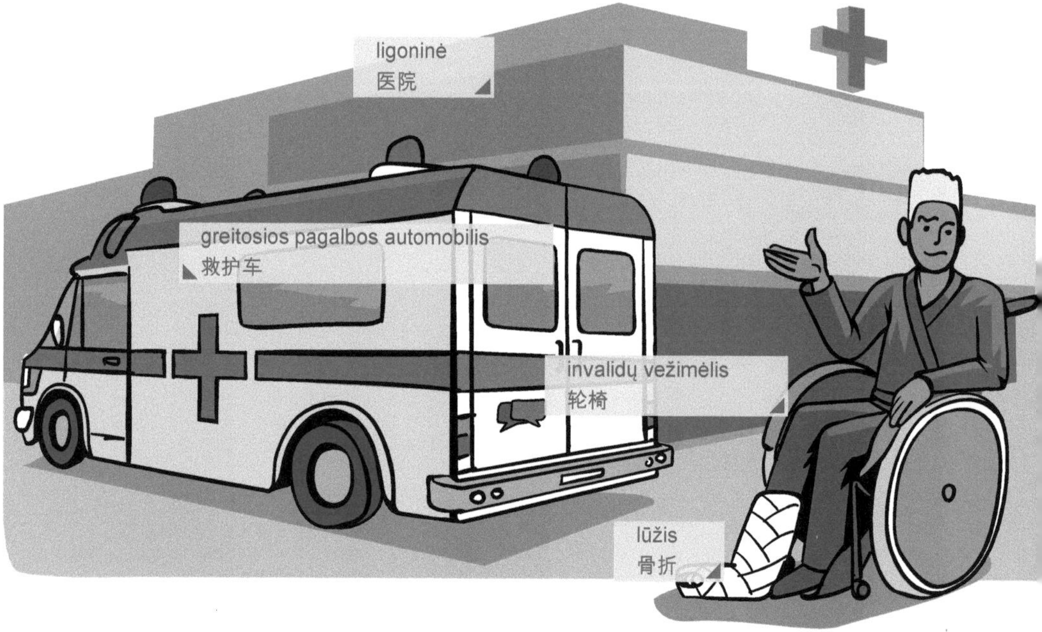

ligoninė
医院
greitosios pagalbos automobilis
救护车
invalidų vežimėlis
轮椅
lūžis
骨折

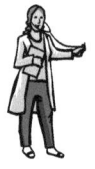

gydytojas
医生

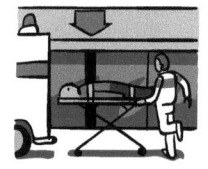

skubios pagalbos skyrius
急诊室

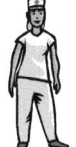

slaugytoja
护士

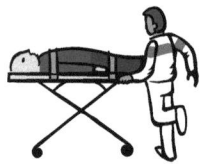

nelaimingas atsitikimas
紧急情况

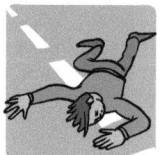

be sąmonės
昏迷

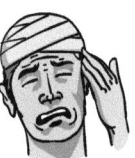

skausmas
痛

sužalojimas

受伤

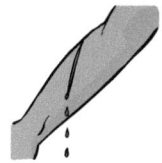

kraujavimas

出血

širdies smūgis

心脏病发作

insultas

中风

alergija

过敏

kosulys

咳嗽

karščiavimas

发烧

gripas

流感

viduriavimas

腹泻

galvos skausmas

头痛

vėžys

癌症

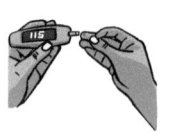

diabetas

糖尿病

chirurgas

外科医生

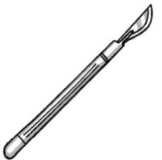

skalpelis

手术刀

operacija

手术

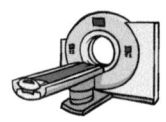

KT

CT

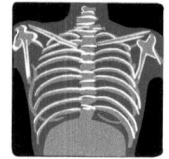

rentgenas

X光

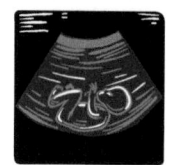

ultragarsas

超声波

veido kaukė

口罩

liga

疾病

laukiamasis

候诊室

ramentas

拐杖

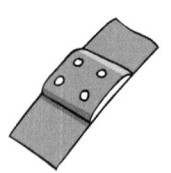

gipsas

石膏

tvarstis

绷带

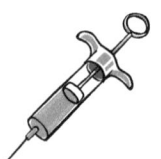

injekcija

注射

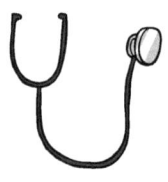

stetoskopas

听诊器

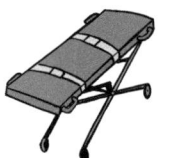

neštuvai

担架

termometras

体温计

gimimas

出生

antsvoris

超重

klausos aparatas

助听器

dezinfekavimo priemonė

消毒液

infekcija

感染

virusas

病毒

ŽIV / AIDS

艾滋病

vaistas

药物

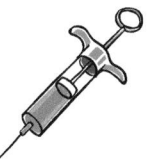

skiepijimas

接种疫苗

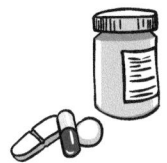

tabletės

药片

piliulė

药丸

skubios pagalbos numeris

急救电话

kraujospūdžio matuoklis

血压计

ligotas / sveikas

生病/健康

Padėkite!

救命！

pavojaus signalas

警报

užpuolimas

突击

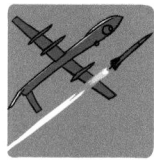

ataka

攻击

pavojus

危险

avarinis išėjimas

紧急出口

Gaisras!

着火啦！

gesintuvas

灭火器

nelaimingas atsitikimas

意外

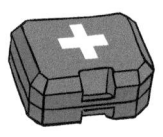

pirmosios pagalbos rinkinys

急救箱

SOS

呼救信号

policija

警察

Europa

欧洲

Šiaurės Amerika

北美洲

Pietų Amerika

南美洲

Afrika

非洲

Azija

亚洲

Australija

澳洲

Atlanto vandenynas

大西洋

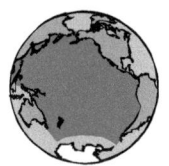

Ramusis vandenynas

太平洋

Indijos vandenynas

印度洋

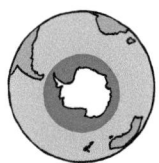

Pietų vandenynas

南冰洋

Arkties vandenynas

北冰洋

Šiaurės ašigalis

北极

Pietų ašigalis

南极

Antarktida

南极洲

Žemė

地球

sausuma

陆地

jūra

海

sala

岛

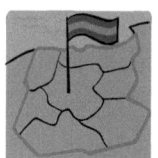

tauta

国家

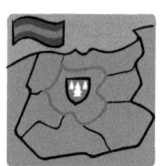

valstybė

国家

ciferblatas

钟面

valandinė rodyklė

时针

minutinė rodyklė

分针

sekundinė rodyklė

秒针

Kiek valandų?

现在几点？

diena

天

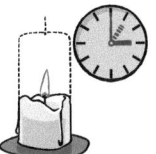

laikas

时间

dabar

现在

skaitmeninis laikrodis

电子表

minutė

分

valanda

时

pirmadienis
周一

trečiadienis
周三

penktadienis
周五

TU

šeštadienis
周六

SA

SO

antradienis
周二

ketvirtadienis
周四

sekmadienis
周日

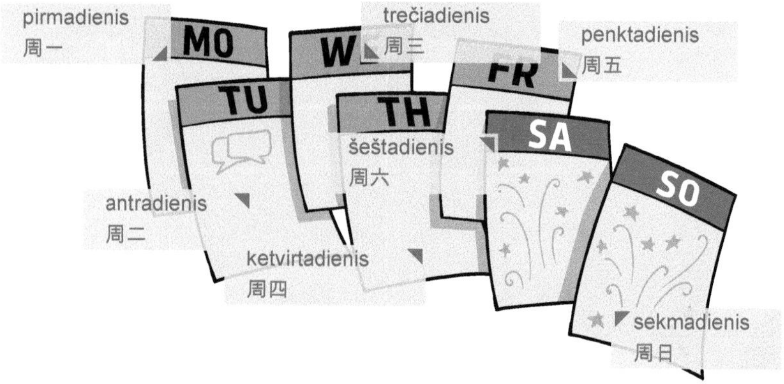

vakar

昨天

šiandien

今天

rytoj

明天

rytas

早晨

vidurdienis

中午

vakaras

晚上

darbo dienos

工作日

savaitgalis

周末

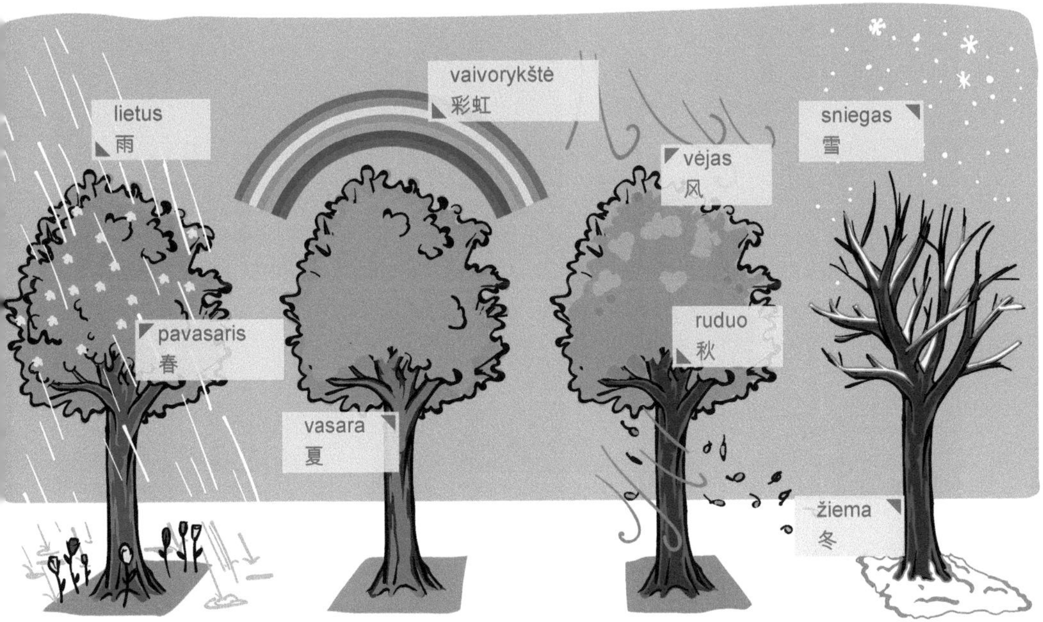

vaivorykštė
彩虹
lietus
雨
sniegas
雪
vėjas
风
pavasaris
春
ruduo
秋
vasara
夏
žiema
冬

4.APRIL 11°
5.APRIL 4°
6.APRIL 13°
7.APRIL 8°
8.APRIL 10°

orų prognozė

天气预报

F
C
120
90
60
30
0
-30
40
30
20
10
0
-10
-20

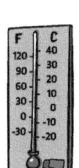

lauko termometras

温度计

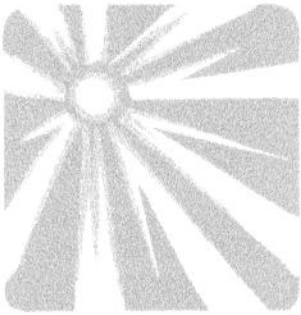

saulės šviesa

阳光

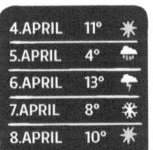

debesis

云

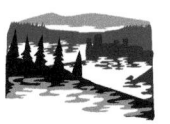

rūkas

雾

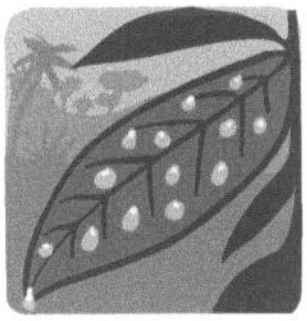

drėgmė

潮湿

žaibas

闪电

griaustinis

打雷

audra

风暴

kruša

冰雹

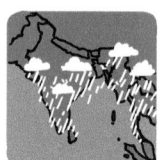

musonas

季风

potvynis

洪水

ledas

冰

sausis

一月

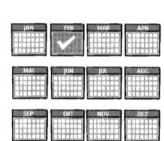

vasaris

二月

kovas

三月

balandis

四月

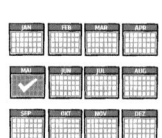

gegužė

五月

birželis

六月

liepa

七月

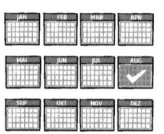

rugpjūtis

八月

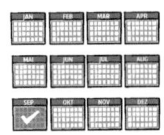

rugsėjis

九月

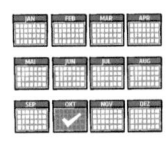

spalis

十月

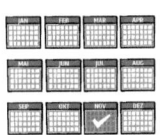

lapkritis

十一月

gruodis

十二月

formos

形状

apskritimas

圆形

kvadratas

正方形

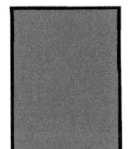

stačiakampis

长方形

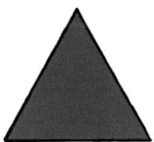

trikampis

三角形

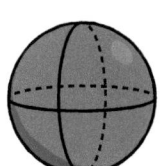

sfera

球体

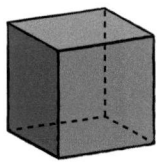

kubas

立方体

balta

白

geltona

黄

oranžinė

橙

rožinė

粉

raudona

红

violetinė

紫

mėlyna

蓝

žalia

绿

ruda

棕

pilka

灰

juoda

黑

daug / mažai

很多/少许

piktas / ramus

生气/平静

gražus / bjaurus

美/丑

pradžia / pabaiga

首/尾

didelis / mažas

大/小

šviesus / tamsus

明/暗

brolis / sesuo

兄弟/姐妹

švarus / purvinas

干净/肮脏

užbaigtas / neužbaigtas

完整/缺失

diena / naktis

白天/晚上

miręs / gyvas

死/生

platus / siauras

宽/窄

valgomas / nevalgomas

可食用/非食用

piktas / malonus

邪恶/善良

linksmas / nuobodus

兴奋/无聊

storas / plonas

胖/瘦

pirmiausia / paskiausia

第一/最后

draugas / priešas

朋友/敌人

pilnas / tuščias

满/空

kietas / minkštas

硬/软

sunkus / lengvas

重/轻

alkis / troškulys

饿/渴

ligotas / sveikas

生病/健康

nelegalus / legalus

非法/合法

protingas / kvailas

聪明/愚笨

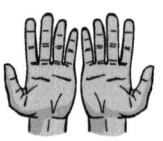

kairė / dešinė

左/右

arti / toli

近/远

naujas / naudotas
新/旧

niekas / kažkas
没有/有些

senas / jaunas
老/幼

įjungta / išjungta
开/关

atidaryta / uždaryta
打开/合上

tylus / garsus
安静/吵闹

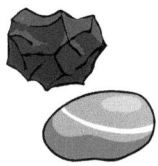

turtingas / vargšas
富/穷

teisus / neteisus
对/错

šiurkštus / švelnus
粗糙/光滑

liūdnas / laimingas
伤心/高兴

trumpas / ilgas
短/长

lėtas / greitas
慢/快

drėgnas / sausas
湿/干

šiltas / šaltas
温暖/凉爽

karas / taika
战争/和平

0

nulis

零

1

vienas

一

2

du

二

3

trys

三

4

keturi

四

5

penki

五

6

šeši

六

7

septyni

七

8

aštuoni

八

9

devyni

九

10

dešimt

十

11

vienuolika

十一

12
dvylika
十二

13
trylika
十三

14
keturiolika
十四

15
penkiolika
十五

16
šešiolika
十六

17
septyniolika
十七

18
aštuoniolika
十八

19
devyniolika
十九

20
dvidešimt
二十

100
šimtas
百

1.000
tūkstantis
千

1.000.000
milijonas
百万

anglų

英语

amerikiečių anglų

美式英语

kinų (mandarinų)

普通话

hindi

印地语

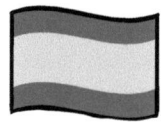

ispanų

西班牙语

prancūzų

法语

arabų

阿拉伯语

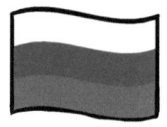

rusų

俄语

portugalų

葡萄牙语

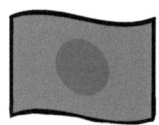

bengalų

孟加拉语

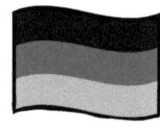

vokiečių

德语

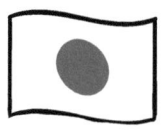

japonų

日语

aš

我

tu

你

jis / ji

他/她/它

mes

我们

jūs

你们

jie

他们

kas?

谁？

ką?

什么？

kaip?

怎样？

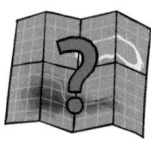

kur?

哪里？

kada?

什么时候？

vardas

名字

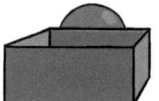

už

后面

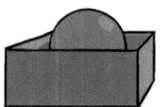

kur (vieta)

里面

priešais

前面

virš

上方

ant

上面

po

下面

prie

旁边

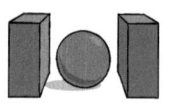

tarp

中间

vieta

地点